Impressum
Verlag: BABADADA GmbH, Nedderfeld 112 , 22529 Hamburg
Geschäftsführer / Verlagsleitung: Harald Hof
Druck: Books on Demand GmbH, In de Tarpen 42, 22848 Norderstedt

Imprint
Publisher: BABADADA GmbH, Nedderfeld 112 , 22529 Hamburg, Germany
Managing Director / Publishing direction: Harald Hof
Print: Books on Demand GmbH, In de Tarpen 42, 22848 Norderstedt, Germany

skola
shkolla

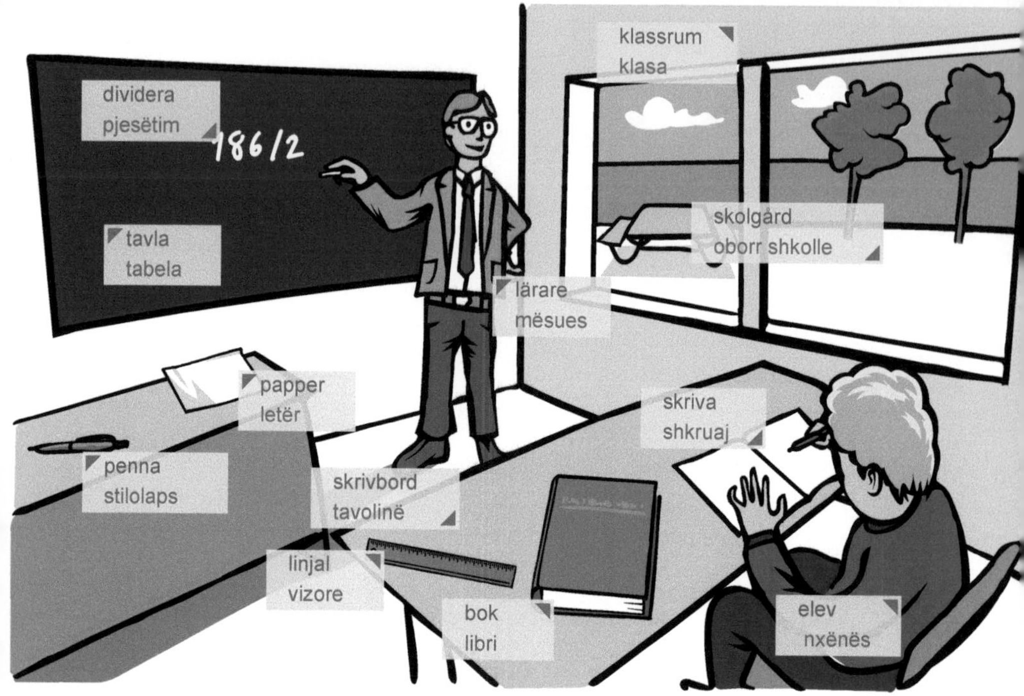
klassrum
klasa
dividera
pjesëtim
186/2
tavla
tabela
skolgård
oborr shkolle
lärare
mësues
papper
letër
skriva
shkruaj
penna
stilolaps
skrivbord
tavolinë
linjal
vizore
bok
libri
elev
nxënës

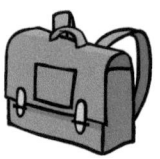

skolväska
....
çantë

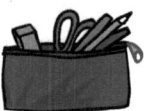

pennfodral
....
mbajtëse lapsash

blyertspenna
....
laps

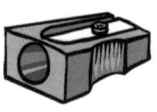

pennvässare
....
mprehës lapsash

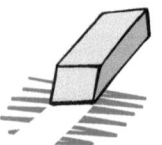

suddgummi
....
gomë

ritblock
....
fletore vizatimi

teckning
vizatim

pensel
penel

målarlåda
kuti bojërash

sax
gërshërë

lim
ngjitës

övningsbok
fletore detyrash

hemläxa
detyrë shtëpie

12

tal
numër

2+2

addera
mbledh

5-2

subtrahera
zbres

2×2

multiplicera
shumëzoj

räkna
llogaris

A

bokstav
gërmë

**ABCDEFG
HIJKLMN
OPQRSTU
VWXYZ**

alfabet
alfabeti

hello

ord
fjalë

text
tekst

läsa
lexoj

krita
shkumës

lektion
mësim

register
regjistër

prov
provim

intyg
çertifikatë

skoluniform
uniformë shkolle

utbildning
arsimim

uppslagsverk
enciklopedia

universitet
universitet

mikroskop
mikroskop

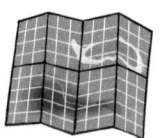

karta
hartë

papperskorg
kosh letrash

skola - shkolla

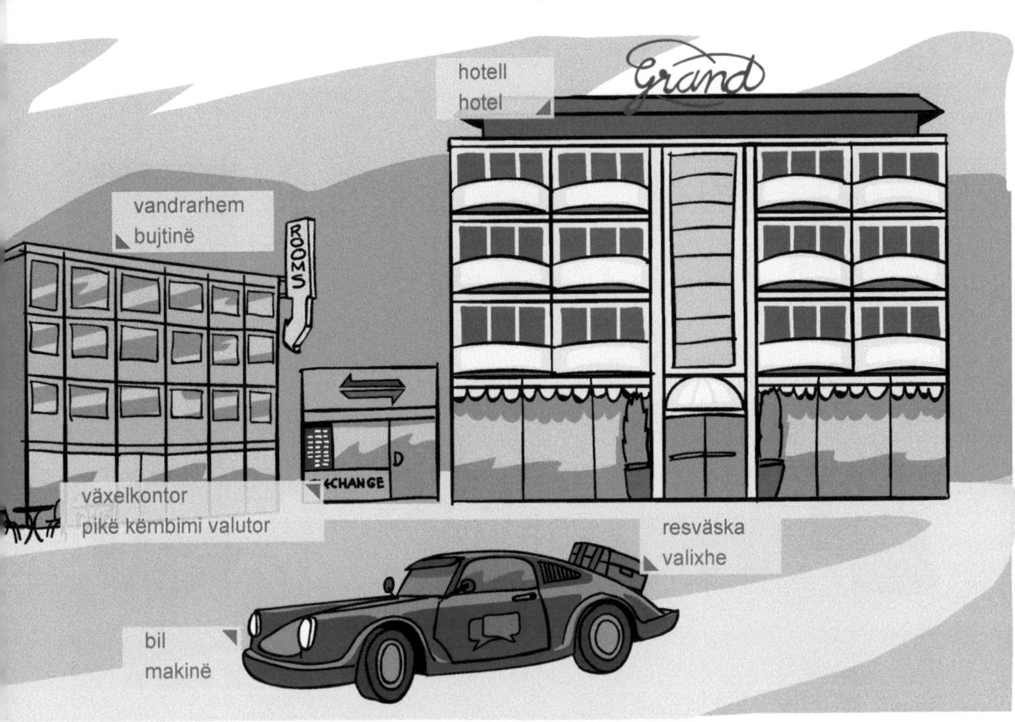

hotell
hotel
vandrarhem
bujtinë
ROOMS
EXCHANGE
växelkontor
pikë këmbimi valutor
resväska
valixhe
bil
makinë

språk

gjuhë

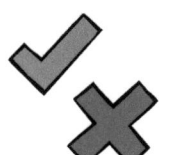

ja / nej

po / jo

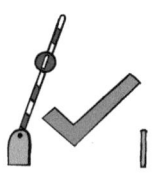

Okay

Në rregull

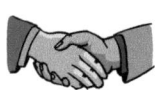

hej

ç'kemi

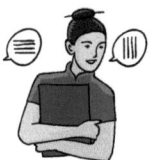

översättare

përkthyes

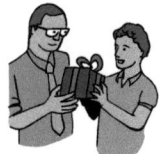

Tack

Faleminderit

hur mycket kostar...?

sa kushton...?

jag förstår inte

nuk e kuptoj

problem

problem

God kväll!

Mirëmbrëma!

God morgon!

Mirëmëngjes!

God natt!

Natën e mirë!

hejdå

mirupafshim

riktning

drejtim

bagage

bagazhet

väska

çantë

ryggsäck

çantë shpine

gäst

mysafir

rum

dhomë

sovsäck

thes gjumi

tält

tendë

resa - udhëtim

turistinformation

informacion për turistët

strand

plazh

kreditkort

kartë krediti

frukost

mëngjes

lunch

drekë

middag

darkë

biljett

Biletë

hiss

ashensor

frimärke

pulla

gräns

kufi

tull

doganë

ambassad

ambasadë

visum

vizë

pass

pasaportë

transport
transport

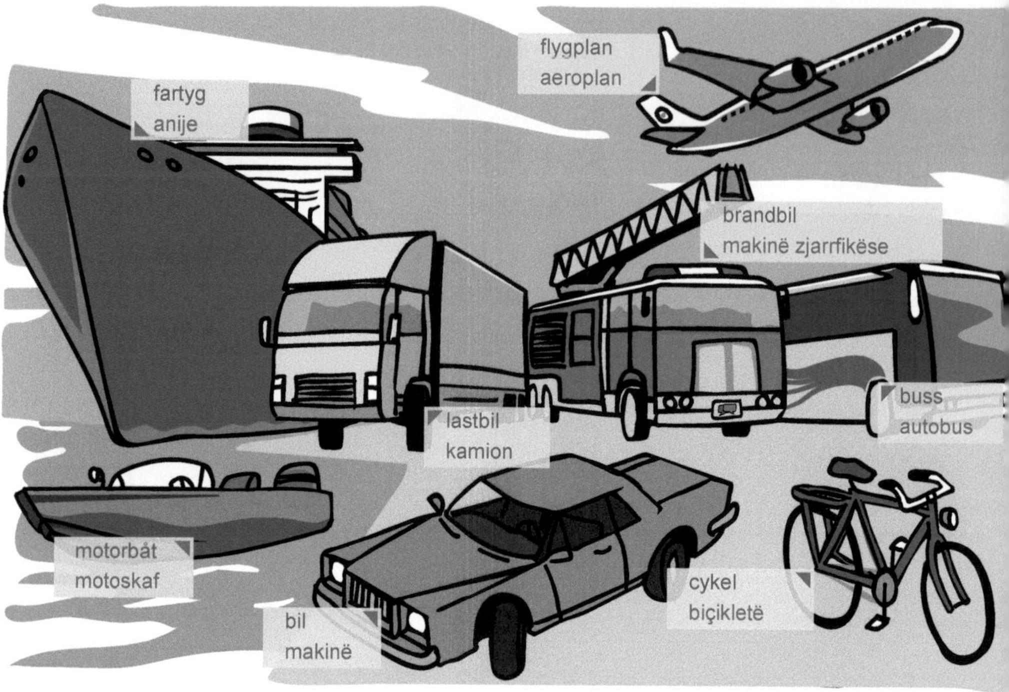
fartyg
anije
flygplan
aeroplan
brandbil
makinë zjarrfikëse
buss
autobus
lastbil
kamion
motorbåt
motoskaf
cykel
biçikletë
bil
makinë

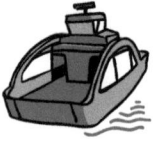

färja
traget

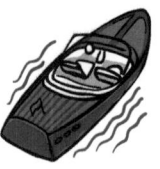

båt
varkë

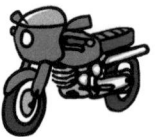

motorcykel
motoçikletë

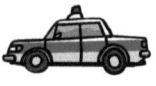

polisbil
makinë policie

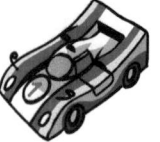

racerbil
makinë garash

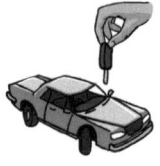

hyrbil
makinë me qira

bilpool

darje e qirasë së makinës

bärgningsbil

karroatrec

sopbil

makinë plehrash

motor

motor

bränsle

benzinë

bensinstation

pikë karburanti

vägmärke

sinjalistikë trafiku

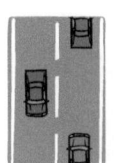

trafik

trafik

bilkö

bllokim trafiku

parkeringsplats

parkim makinash

tågstation

stacion treni

räls

trase

tåg

tren

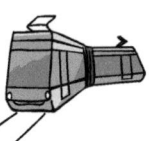

spårvagn

tramvaj

vagn

karro

transport - transport

9

helikopter
helikopter

flygplats
aeroport

torn
kullë

passagerare
pasagjer

container
kontenier

kartong
kuti kartoni

vagn
qerre

korg
shportë

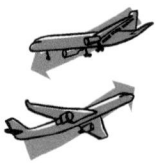

starta / landa
ngrihem / ulem

stad
qytet

by
fshat

centrum
qendra e qytetit

hus
shtëpi

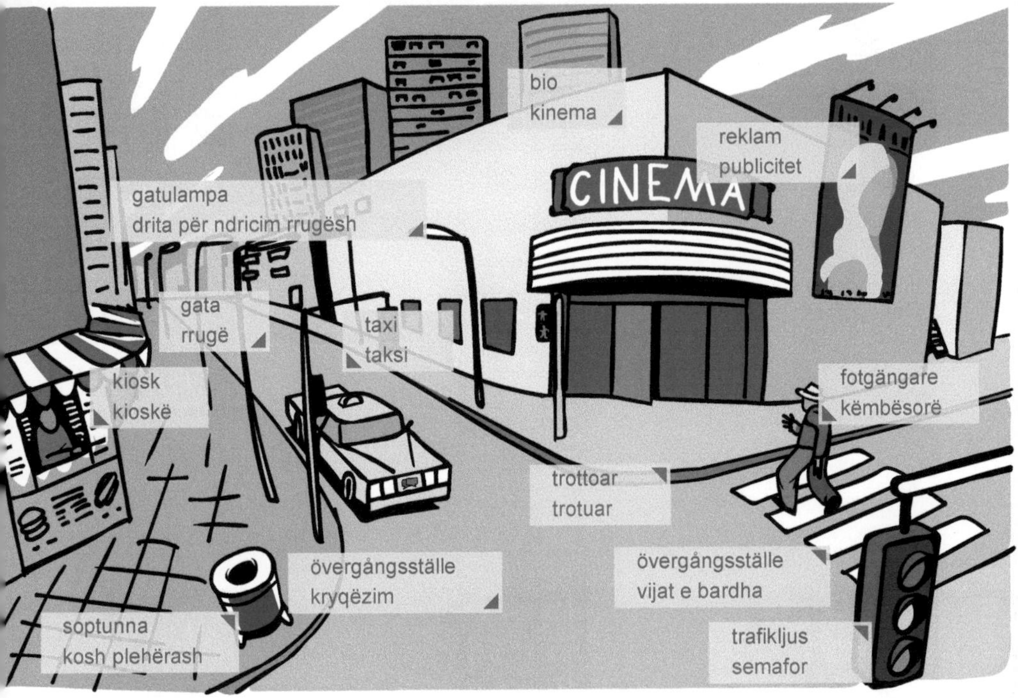

bio
kinema

reklam
publicitet

gatulampa
drita për ndricim rrugësh

CINEMA

gata
rrugë

taxi
taksi

kiosk
kioskë

fotgängare
këmbësorë

trottoar
trotuar

övergångsställe
kryqëzim

övergångsställe
vijat e bardha

trafikljus
semafor

soptunna
kosh plehërash

stuga

kasolle

lägenhet

apartament

tågstation

stacion treni

stadshus

bashki

museum

muze

skola

shkolla

universitet
universitet

bank
bankë

sjukhus
spital

hotell
hotel

apotek
farmaci

kontor
zyrë

bokhandel
librari

affär
dyqan

blomsterbutik
dyqan lulesh

stormarknad
supermarket

marknad
market

varuhus
mapo

fiskhandlare
dyqan peshku

köpcentrum
qëndër tregtare

hamn
port

park
park

bänk
stol

brygga
urë

trappa
shkallë

tunnelbana
metro

tunnel
tunel

busshållplats
stacion autobuzi

bar
bar

restaurang
restorant

brevlåda
kuti postare

gatuskylt
sinjalistikë rrugore

parkeringsautomat
kohëmatës parkimi

zoo
kopsht zoologjik

simbassäng
pishinë

moské
xhami

bondgård
 fermë

fororening
ndotje

kyrkogård
varrezë

kyrka
kishë

lekplats
shesh lojërash

tempel
tempull

landskap
peisazh

löv
gjethe

vägskylt
tabela orientuese

väg
rrugë

äng
livadh

sten
gurë

liftare
ekskursionist

träd
pemë

flod
lumë

gräs
bar

blomma
lule

dal
luginë

kulle
kodër

sjö
liqen

skog
pyll

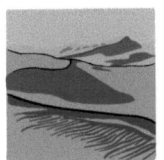

öken
shkretëtirë

vulkan
vullkan

slott
kështjellë

regnbåge
ylber

svamp
kepudhë

palm
palmë

mygga
mushkonjë

fluga
mizë

myra
milingonë

bi
bletë

spindel
merimangë

landskap - peisazh

skalbagge

brumbull

groda

bretkosë

ekorre

ketër

igelkott

iriq

hare

lepur

uggla

buf

fågel

zog

svan

mjellmë

vildsvin

derr i egër

rådjur

dre

älg

dre brilopatë

damm

digë

vindkraftverk

turbinë ere

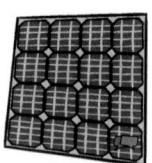

solcellspanel

panel diellor

klimat

klimë

restaurang

restorant

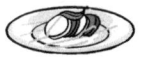

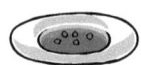

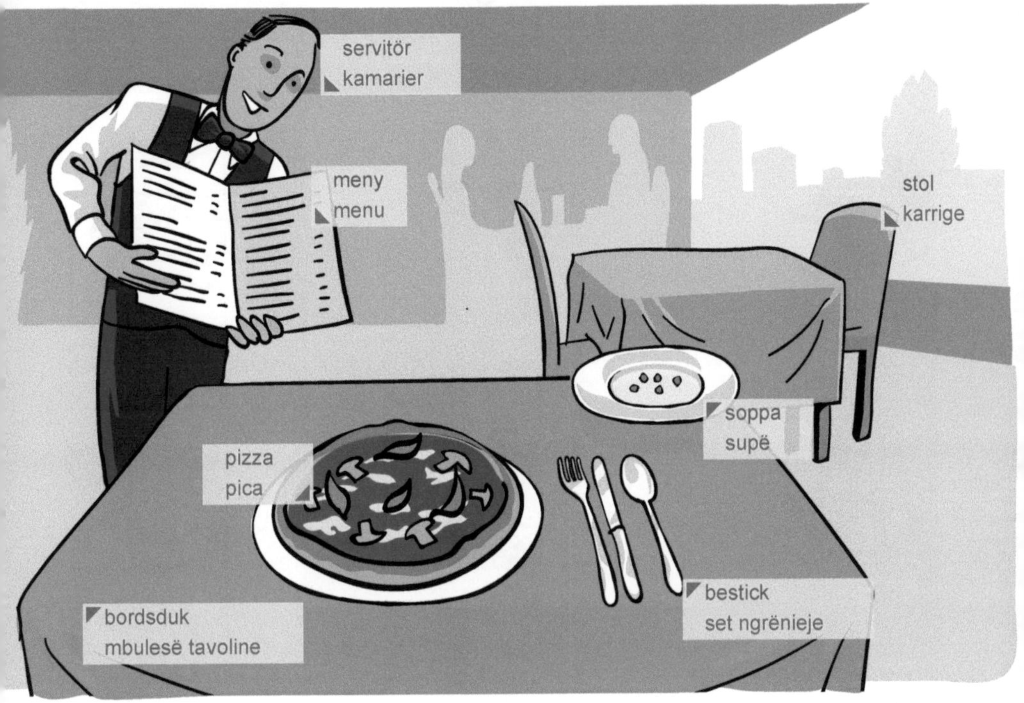
servitör
kamarier
meny
menu
stol
karrige
soppa
supë
pizza
pica
bestick
set ngrënieje
bordsduk
mbulesë tavoline

förrätt

pjatë e parë

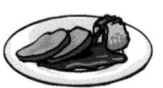

huvudrätt

pjatë kryesore

dessert

ëmbëlsirë

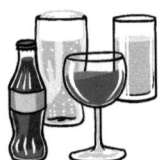

drycker

pije

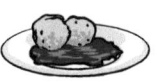

mat

ushqim

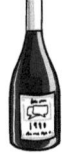

flaska

shishe

snabbmat

ushqim i shpejtë

street food

ushqim i shërbyer në rrugë

tekanna

ibrik çaji

sockerskål

kuti sheqeri

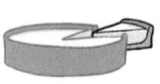

portion

racion

espressomaskin

makinë kafeje ekspres

barnstol

karrige e lartë

räkning

faturë

bricka

tabaka

kniv

thika

gaffel

pirun

sked

lugë

tesked

lugë çaji

servett

pecetë

glas

gotë

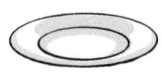

tallrik
pjatë

sopptallrik
pjatë supe

tefat
pjatë filxhani

sås
salcë

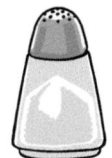

saltkar
mbajtëse kripe

pepparkvarn
mulli piperi

vinäger
uthull

olja
vaj

kryddor
erëza

ketchup
keçap

senap
mustardë

majonnäs
majonezë

restaurang - restorant

19

stormarknad
supermarket

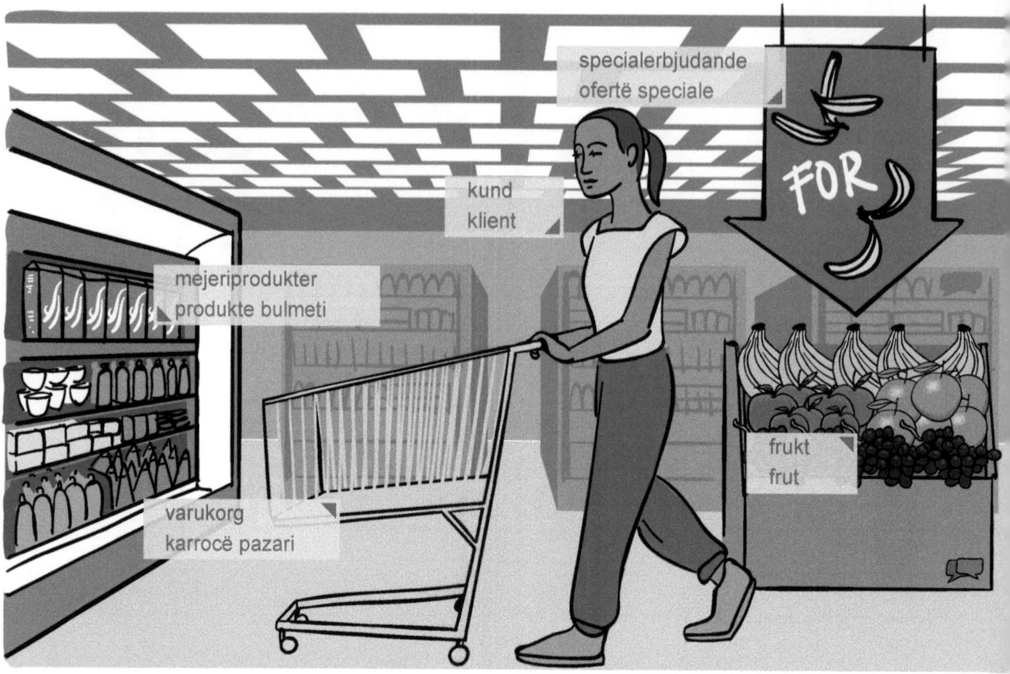

specialerbjudande
ofertë speciale

kund
klient

FOR

mejeriprodukter
produkte bulmeti

frukt
frut

varukorg
karrocë pazari

charkuteri

dyqan mishi

bageri

furrë buke

väga

peshoj

grönsaker

perime

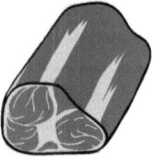

kött

mish

frysta livsmedel

ushqim i ngrirë

pålägg

copë

konserver

ushqim i konservuar

tvättmedel

pluhur larës

godis

ëmbëlsirat

hushållsprodukter

prodhime shtëpie

rengöringsmedel

produkte pastrimi

försäljare

shitëse

kassa

kasë fiskale

kassör

arkëtar

inköpslista

listë blerjeje

öppettider

oraret e punës

plånbok

portofol

kreditkort

kartë krediti

väska

çantë

plastpåse

qese plastike

vatten

ujë

juice

lëng frutash

mjölk

qumësht

cola

koka-kola

vin

verë

öl

birrë

alkohol

alkool

kakao

kakao

te

çaj

kaffe

kafe

espresso

kafe ekspres

cappuccino

kapuçino

banan

banane

äpple

mollë

apelsin

portokalle

melon

pjepër

citron

limon

morot

karrotë

vitlök

hudhër

bambu

bambu

lök

qepë

svamp

kërpudha

nötter

arra

nudlar

makarona

spaghetti

spageti

ris

oriz

sallad

sallatë

pommes frites

patate të skuqura

stekt potatis

patate të skuqura

pizza

pica

hamburgare

hamburger

smörgås

sanduiç

schnitzel

shnicel

skinka

proshutë

salami

sallam

korv

salçiçe

kyckling

pulë

stek

skuq

fisk

peshk

havregryn

tërshërë

müsli

drithëra

cornflakes

kornfleiks

mjöl

miell

croissant

kruasant

fralla

panine

bröd

bukë

rostat bröd

tost

kex

biskotë

smör

gjalp

kvarg

gjizë

kaka

tortë

ägg

vezë

stekt ägg

vezë sy

ost

djathë

glass
akullore

socker
sheqer

honung
mjaltë

sylt
marmaladë

nougatkräm
çokokrem

curry
këri

bondgård
fermë

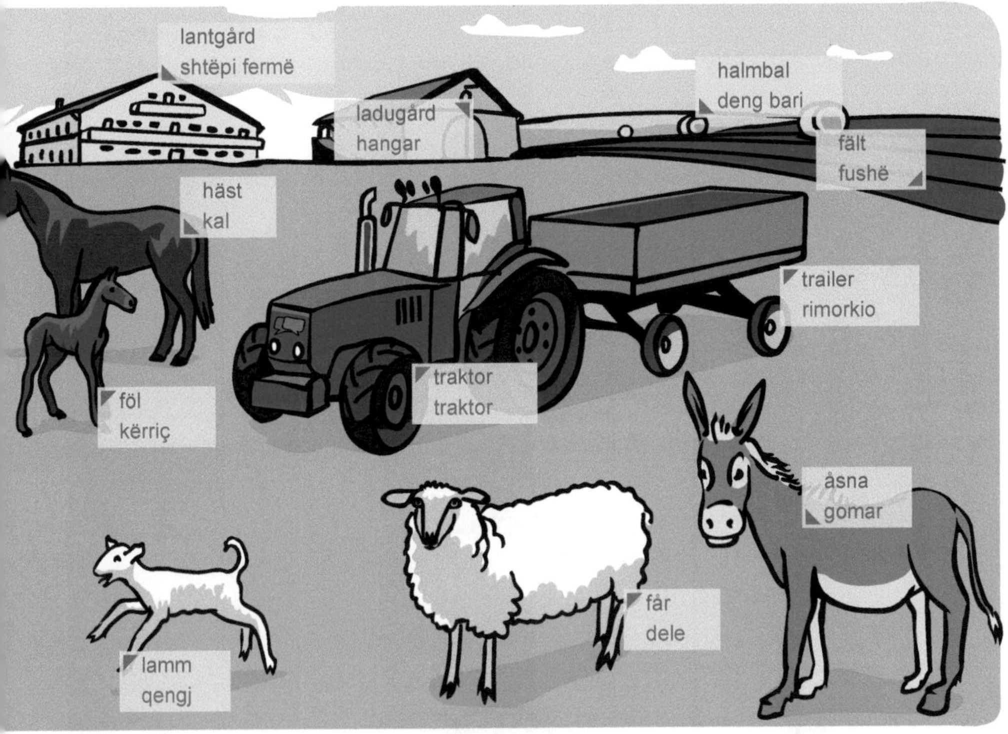
lantgård
shtëpi fermë
ladugård
hangar
halmbal
deng bari
fält
fushë
häst
kal
trailer
rimorkio
föl
kërriç
traktor
traktor
åsna
gomar
får
dele
lamm
qengj

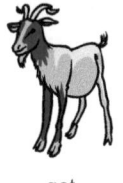

get

dhi

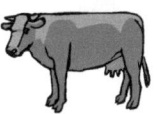

ko

lopë

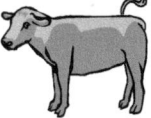

kalv

viç

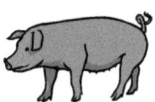

gris

derr

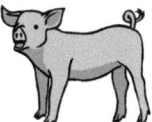

griskulting

derrkuc

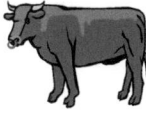

tjur

dem

gås
patë

anka
rosë

kyckling
zog pule

höna
pulë

tupp
gjel

råtta
mi

katt
mace

mus
mi

oxe
buall

hund
qen

hundkoja
kolibe qeni

trädgårdsslang
zorrë vaditëse

vattenkanna
vaditëse

lie
kosë

plog
plug

skära

drapër

hacka

shat

högaffel

kosa

yxa

sëpatë

skottkärra

karrocë

tråg

govatë

mjölkflaska

bidon qumështi

säck

thes

staket

gardh

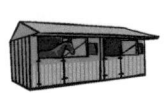

stall

ahur

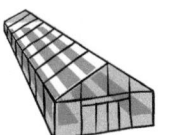

växthus

serë

jord

dhe

säd

farë

gödsel

pleh

skördetröska

autokombanjë

skörda
korr

skörd
te korrat

jams
patate e ëmbël "Yam"

vete
grurë

soja
soja

potatis
patate

majs
misër

raps
raps

fruktträd
pemë frutore

maniok
zhardhok manioku

spannmål
drithëra

hus

shtëpi

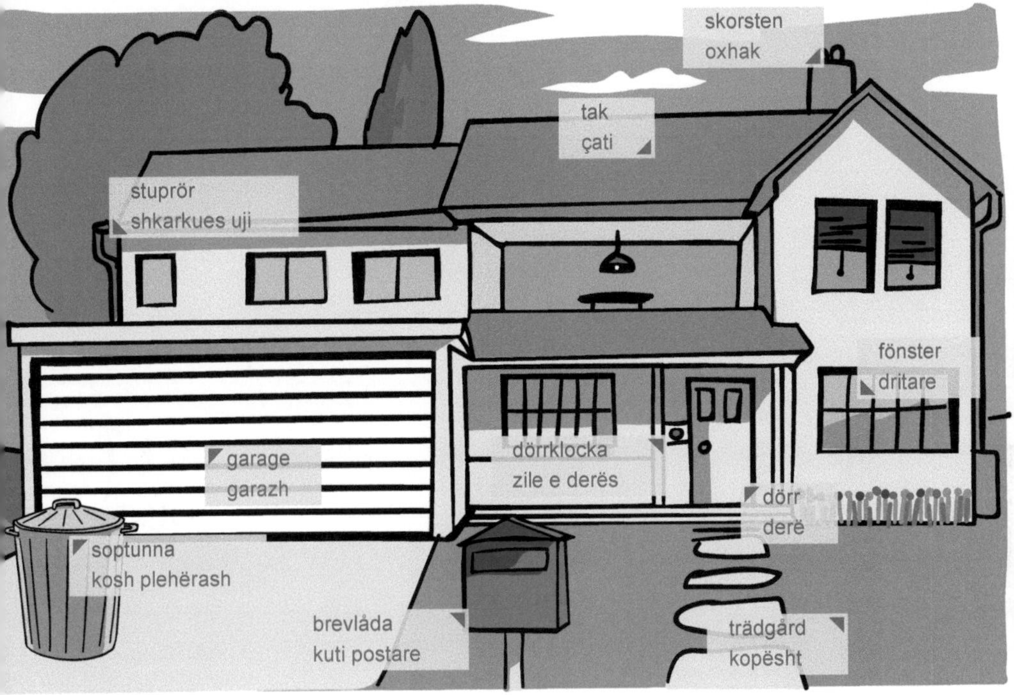

skorsten
oxhak
tak
çati
stuprör
shkarkues uji
fönster
dritare
garage
garazh
dörrklocka
zile e derës
dörr
derë
soptunna
kosh plehërash
brevlåda
kuti postare
trädgård
kopësht

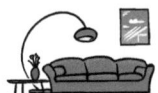

vardagsrum

dhomë ndenjeje

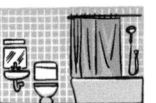

badrum

tualet

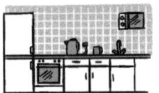

kök

kuzhinë

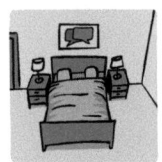

sovrum

dhomë gjumi

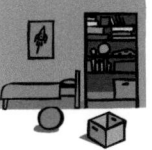

barnrum

dhomë fëmijësh

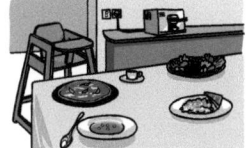

matsal

dhomë ngrënieje

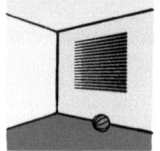

golv

dysheme

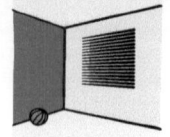

vägg

mur

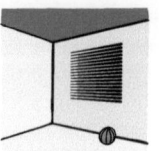

tak

tavan

källare

bodrum

bastu

sauna

balkong

ballkon

terrass

tarracë

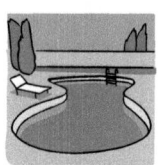

bassäng

pishinë

gräsklippare

kositëse bari

lakan

çarçaf

överkast

kuvertë

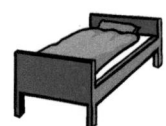

säng

krevat

kvast

fshesë dore

hink

kovë

strömbrytare

çelës

vardagsrum
dhomë ndenjeje

tapet
tapiceri
bild
fotografi
lampa
llambë
hylla
raft
skåp
dollap
TV
pajisje televizive
eldstad
vatër
blomma
lule
kudde
jastëk
soffa
divan
vas
vazo
fjärrkontroll
telekomandë

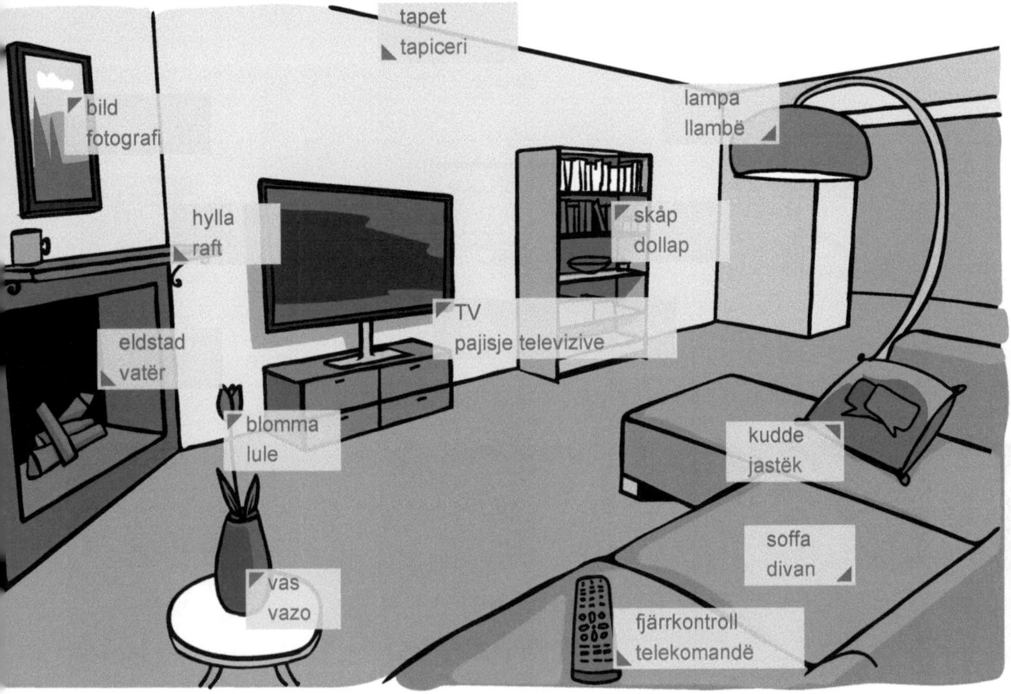

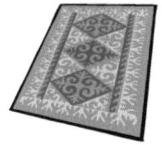

matta

qilim

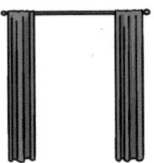

gardin

perde

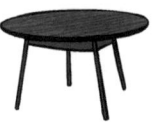

bord

tavolinë

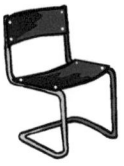

stol

karrige

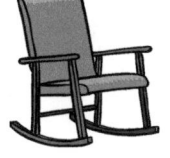

gungstol

karrige lëkundëse

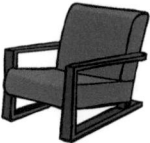

fåtölj

kolltuk

bok

libri

filt

batanije

dekoration

zbukurime

vedträ

dru zjarri

film

film

stereoanläggning

stereo

nyckel

çelës

dagstidning

gazetë

målning

pikturë

poster

afishe

radio

radio

anteckningsbok

bllok shënimesh

dammsugare

fshesë me korent

kaktus

kaktus

stearinljus

qiri

kök
kuzhinë

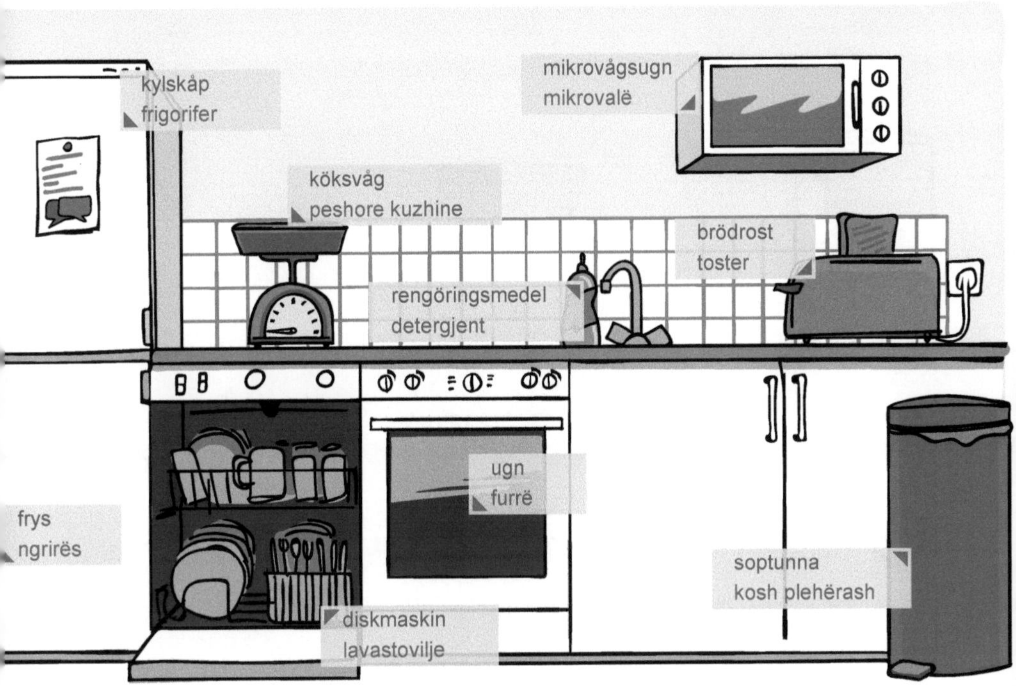
mikrovågsugn
mikrovalë
kylskåp
frigorifer
köksvåg
peshore kuzhine
brödrost
toster
rengöringsmedel
detergjent
ugn
furrë
frys
ngrirës
soptunna
kosh plehërash
diskmaskin
lavastovilje

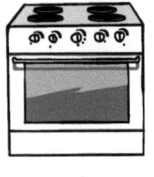

spis
sobë

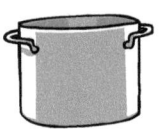

kastrull
tenxhere

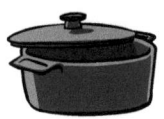

järngryta
tenxhere me kapak

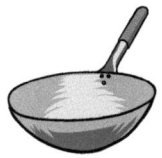

wok / kadai
tigan special (Wok)

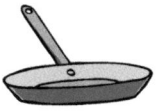

stekpanna
tigan

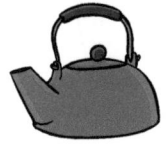

vattenkokare
çajnik

ångkokare

tenxhere me avull

bakplåt

tavë pjekjeje

porslin

enë

mugg

filxhan

skål

tas

ätpinnar

shkopinj

soppslev

garuzhde

stekspade

spatul

visp

tel kuzhine

durkslag

kulluese

sil

sitë

rivjärn

rende

mortel

havan

grill

skarë

brasa

zjarr

skärbräda

dërrasë për prerje

kavel

okllai

korkskruv

heqëse tapash

burk

kanaçe

burköppnare

hapëse kanaçeje

grytlapp

rrobë për të kapur tenxheren

vask

lavaman

borste

furçë

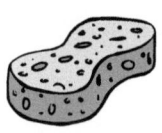

svamp

sfungjer

mixer

përzjerës

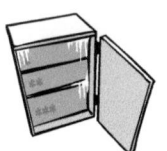

frys

ngrirës

nappflaska

biberon për lëngje

kran

rubinet

kök - kuzhinë

37

badrum
tualet

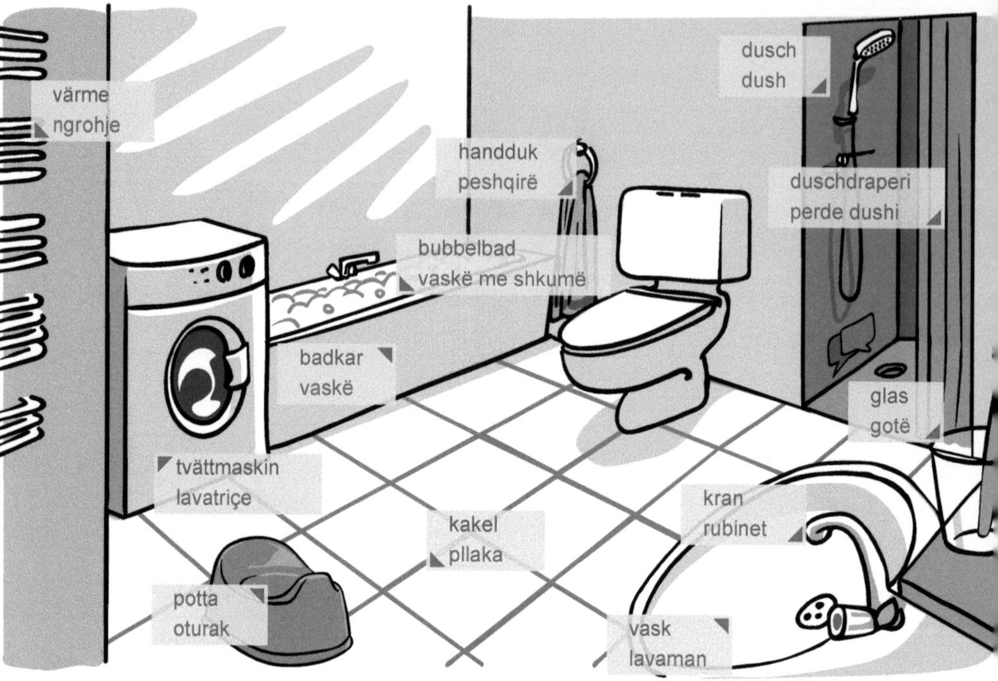
värme
ngrohje
dusch
dush
handduk
peshqirë
duschdraperi
perde dushi
bubbelbad
vaskë me shkumë
badkar
vaskë
glas
gotë
tvättmaskin
lavatriçe
kran
rubinet
kakel
pllaka
potta
oturak
vask
lavaman

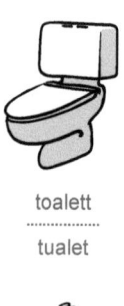

toalett

tualet

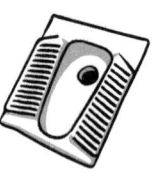

låg toalett

WC e sheshtë

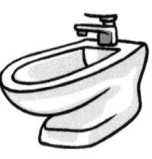

bidet

bide

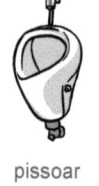

pissoar

tualet publik

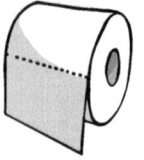

toalettpapper

letër higjienike

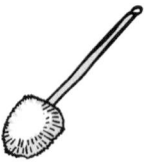

toalettborste

furçe për WC

tandborste

furçë dhëmbësh

tandkräm

pastë dhëmbësh

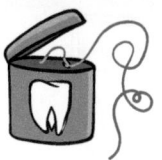

tandtråd

fije dentare

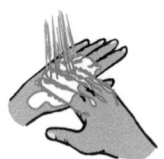

tvätta

laj

handdusch

dorezë dushi

intimdusch

larës për zonën intime

handfat

legen

ryggborste

furçë për masazh shpine

tvål

sapun

duschgel

shampo trupi

schampo

shampo

trasa

leckë pastruese

avlopp

kullues

crème

krem

deodorant

antidjersë

spegel

pasqyrë

handspegel

pasqyrë dore

rakhyvel

brisk rroje

raklödder

shkumë rroje

rakvatten

locion pas rrojes

kam

krehër

borste

furçë

hårtork

tharëse flokësh

hårspray

llak për flokët

smink

grim

läppstift

buzëkuq

nagellack

manikyr

bomullsvadd

mbushje pambuku

nagelsax

gërshërë për thonj

parfym

parfum

necessär
ntë për sendet personale

pall
Stol

våg
peshore

badrock
robëdëshambër

gummihandskar
dorashka gome

tampong
tampon

binda
peceta higjienike

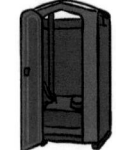

kemisk toalett
tualet I lëvizshëm

barnrum
dhomë fëmijësh

väckarklocka
orë me zile
gosedjur
lodra me pellushë
leksaksbil
makinë lodër
skallra
rraketake
dockhus
shtëpi kukullash
present
dhuratë

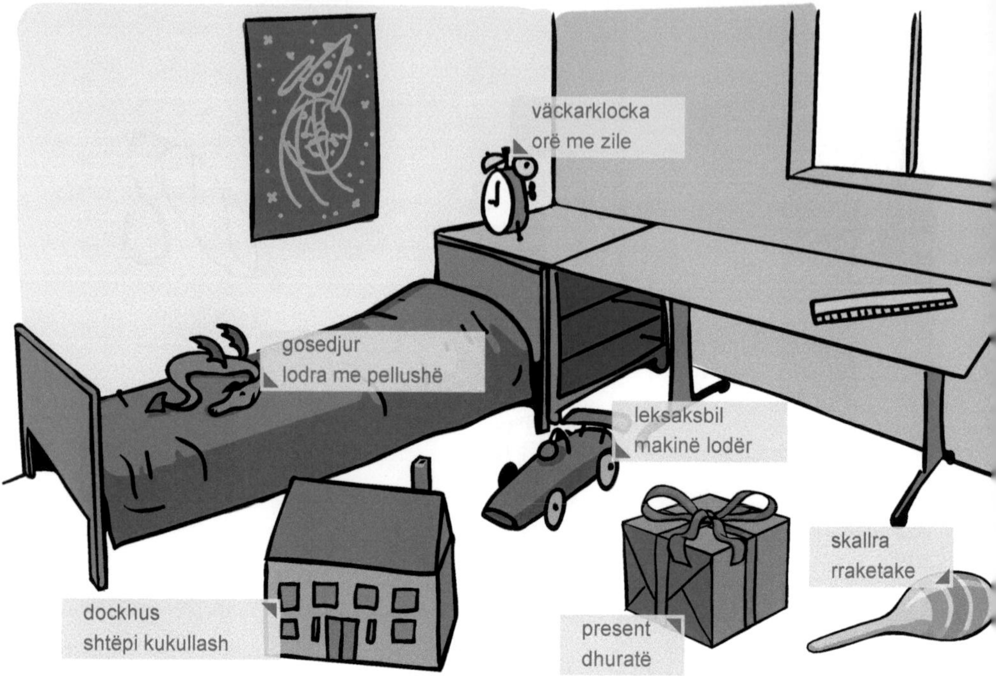

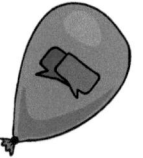

ballong

tollumbace

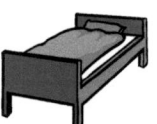

säng

krevat

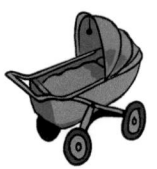

barnvagn

karrocë fëmijësh

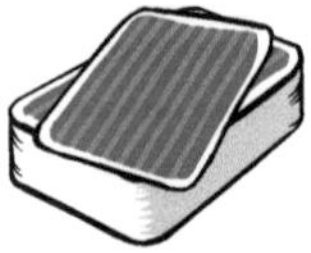

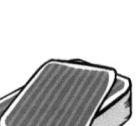

kortlek

lojë me letra

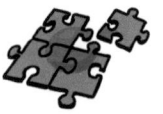

pussel

bashkim pjesësh me figura

SUPER
MEGA

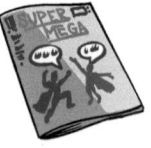

serietidning

komik

legobitar

formuese lodër

klossar

kuba plastikë

actionfigur

lodra

sparkdräkt

badi

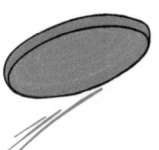

frisbee

frizbi

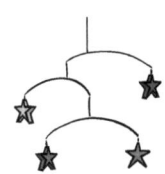

mobil

lodra të varura tek krevati i fëmijëve

brädspel

tavolinë lojërash

tärning

zare

modelljärnväg

model treni

napp

biberon

party

festë

bilderbok

libër me ilustrime

boll

top

docka

kukull

spela

luaj

sandlåda

grumbull rëre

gunga

kolovarëse

leksaker

lodra

spelkonsol

leva për lojra video

trehjuling

triçikël

nalle

arush prej pellushi

garderob

garderobë

kläder

veshje

sockar

çorape

strumpor

çorape të gjata

tights

geta

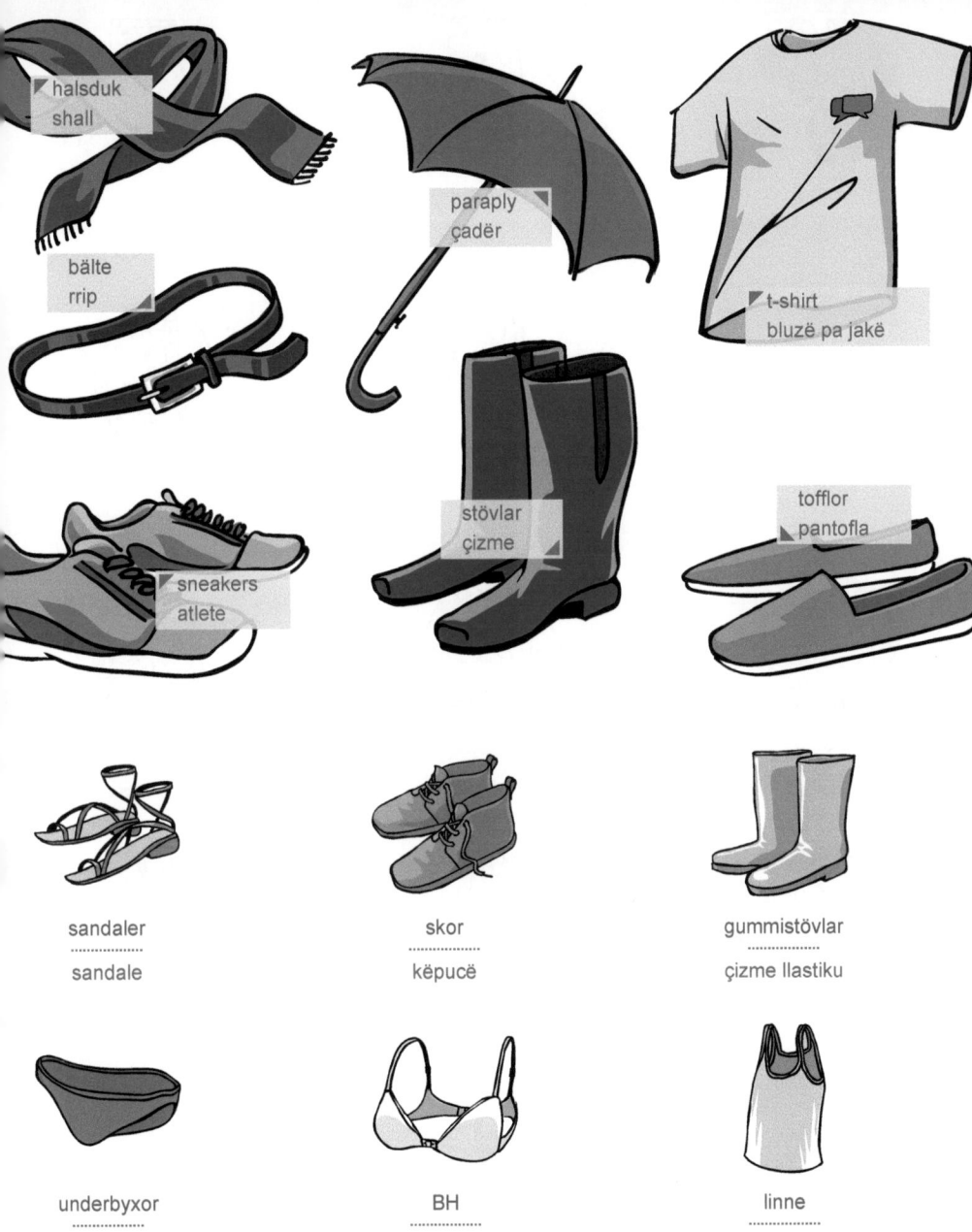

halsduk
shall

paraply
çadër

bälte
rrip

t-shirt
bluzë pa jakë

stövlar
çizme

tofflor
pantofla

sneakers
atlete

sandaler	skor	gummistövlar
sandale	këpucë	çizme llastiku
underbyxor	BH	linne
të mbathura	reçipeta	kanotierë

kläder - veshje 45

body

trup

byxor

pantallona

jeans

xhinse

kjol

fund

blus

bluzë

skjorta

këmishë

pullover

pulovër

sweater

triko

blazer

xhaketë

jacka

xhaketë

kappa

pallto

regnjacka

mushama shiu

dräkt

kostum

klänning

fustan

bröllopsklänning

fustan nusërie

kostym
kostum

nattlinne
këmishë nate

pyjamas
pizhama

sari
sari (veshje tradicionale indiane)

slöja
shami koke

turban
çallmë

burka
eshje për femrat e besimit musliman

kaftan
kaftan (lloj veshjeje tradicionale)

abaya
ferexhe

baddräkt
kostum banje

badbyxor
rroba banje

shorts
pantallona të shkurtra

träningsoverall
tuta sporti

förkläde
përparëse

handskar
dorashka

knapp
kopsë

glasögon
syze

armband
byzylyk

halsband
gjerdan

ring
unazë

örhänge
vath

mössa
kapuç

galge
varëse për pallto

hatt
kapele

slips
kravatë

dragkedja
zinxhir

hjälm
helmetë

hängslen
tiranda

skoluniform
uniformë shkolle

uniform
uniformë

kläder - veshje

haklapp

gushore

napp

biberon

blöja

pelenë

kontor
zyrë

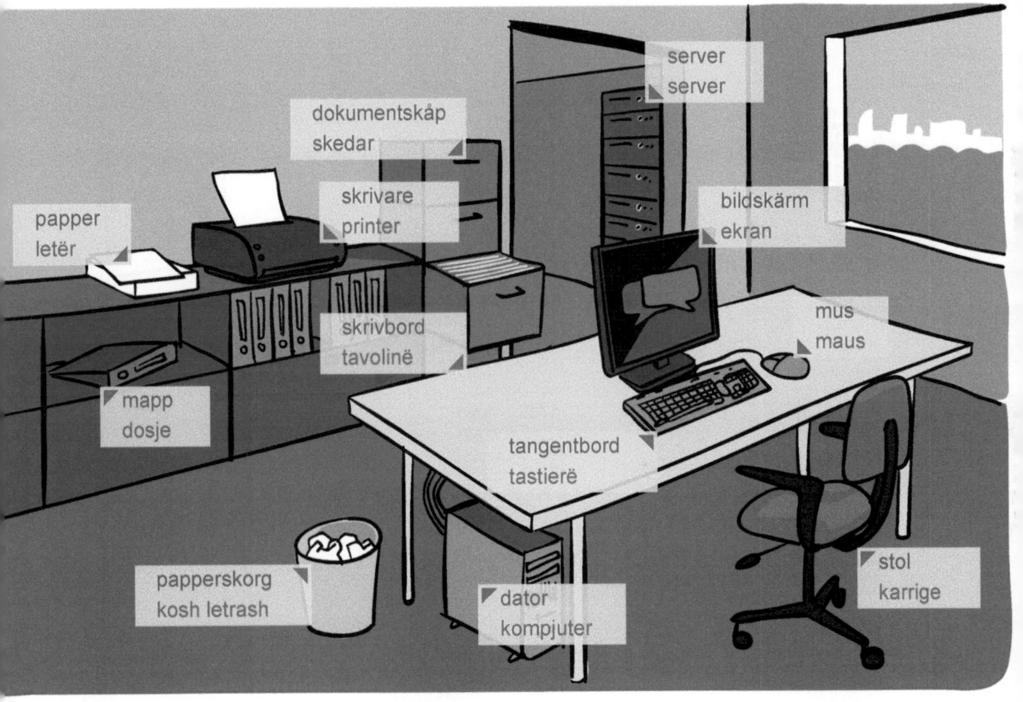

server
server

dokumentskåp
skedar

skrivare
printer

papper
letër

bildskärm
ekran

skrivbord
tavolinë

mus
maus

mapp
dosje

tangentbord
tastierë

papperskorg
kosh letrash

dator
kompjuter

stol
karrige

kaffemugg

filxhan kafeje

miniräknare

makinë llogaritëse

internet

internet

bärbar dator

kompjuter portativ

brev

letër

meddelande

mesazh

mobiltelefon

telefon

nätverk

rrjet

kopieringsapparat

fotokopje

programvara

program

telefon

telefon

vägguttag

prizë

fax

pajisje faksi

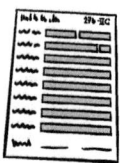

blankett

formular

dokument

dokument

köpa

blej

betala

paguaj

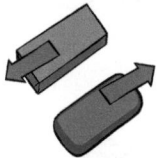

handla

tregtoj

pengar

para

dollar

dollar

euro

euro

yen

jen

rubel

rubla

schweizisk franc

franga zvicerane

renminbi yan

juani kinez

rupie

rupje

bankomat

bankomat

växelkontor

pikë këmbimi valutor

guld

ar

silver

argjend

olja

nafta

energi

energji

pris

çmim

kontrakt

kontratë

skatt

taksë

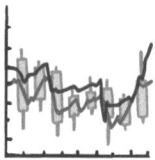

aktie

aksione

arbeta

punoj

anställd

punonjës

arbetsgivare

punëdhënës

fabrik

fabrikë

affär

dyqan

ekonomi - ekonomi

yrken
profesionet

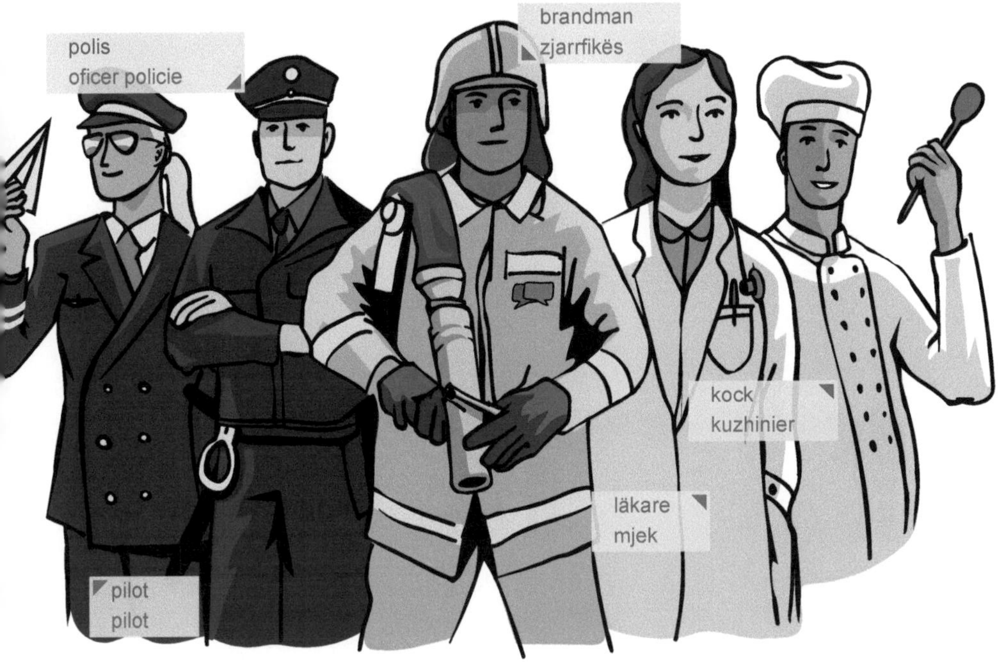
polis
oficer policie
brandman
zjarrfikës
kock
kuzhinier
läkare
mjek
pilot
pilot

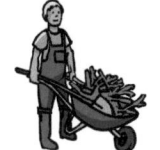

trädgårdsmästare

kopshtar

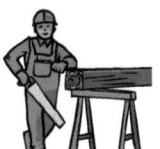

snickare

marangoz

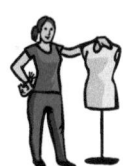

sömmerska

rrobaqepëse

domare

gjykatës

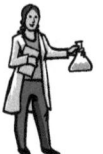

kemist

kimist

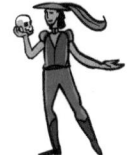

skådespelare

aktor

busschaufför

shofer autobuzi

taxichaufför

taksist

fiskare

peshkatar

städerska

pastruese

takläggare

riparues çatish

servitör

kamarier

jägare

gjuetar

målare

piktor

bagare

furrxhi

elektriker

elektriçist

byggarbetare

ndërtues

ingenjör

inxhinier

slaktare

kasap

rörmokare

hidraulik

brevbärare

postieri

soldat

ushtar

arkitekt

arkitekt

kassör

arkëtar

florist

luleshitës

frisör

berber

konduktör

kontrollor

mekaniker

mekanik

kapten

kapiten

tandläkare

dentist

vetenskapsman

shkencëtar

rabbin

rabin

imam

imam

munk

murg

präst

klerik

verktyg
mjete

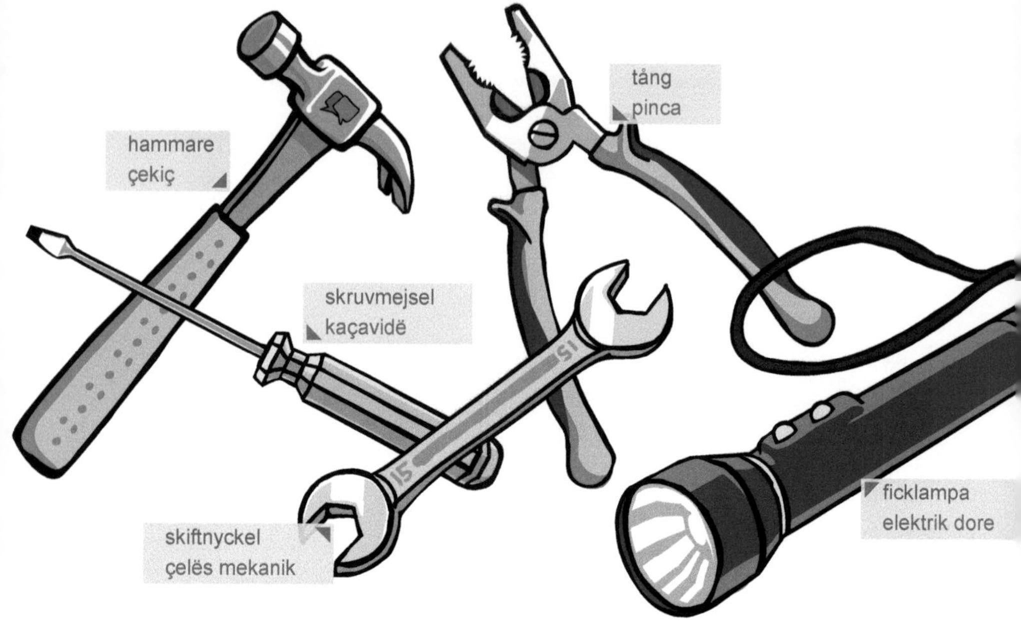

tång
pinca
hammare
çekiç
skruvmejsel
kaçavidë
skiftnyckel
çelës mekanik
ficklampa
elektrik dore

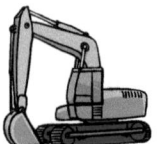

grävmaskin

ekskavator

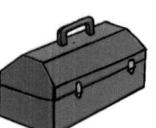

verktygslåda

kuti veglash

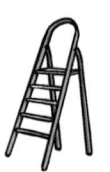

stege

shkallë

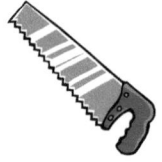

såg

sharrë

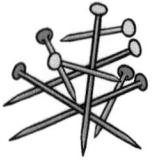

spik

gozhdë

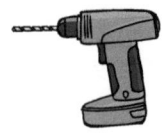

borr

trapan

reparera
riparoj

spade
lopatë

Helvete!
Dreq!

sopskyffel
kaci

färgburk
kuti boje

skruvar
vidhë

musikinstrument
instrumenta muzikorë

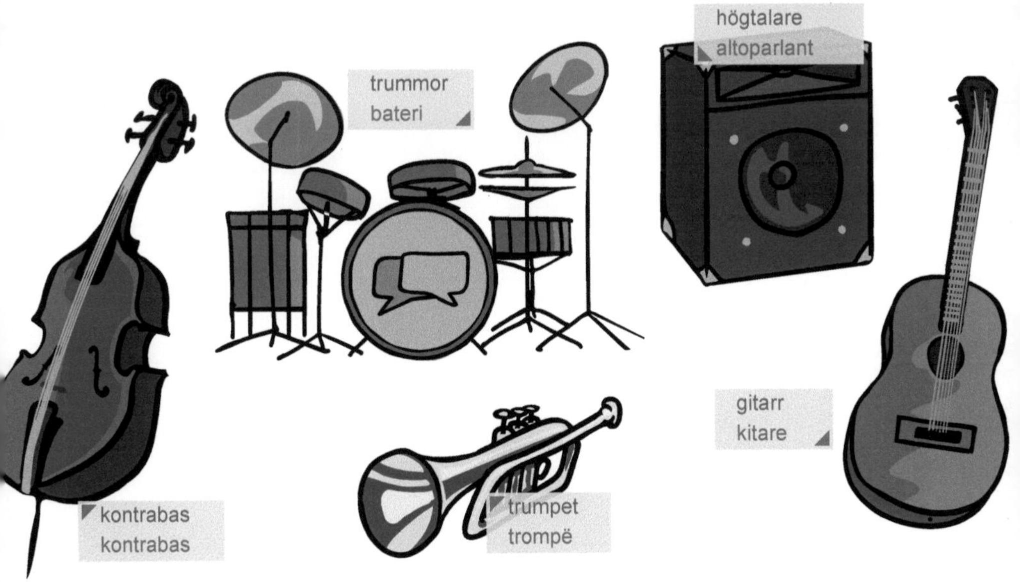

högtalare
altoparlant

trummor
bateri

gitarr
kitare

kontrabas
kontrabas

trumpet
trompë

piano
....
piano

violin
....
violinë

bas
....
bas

timpani
....
tamburë

trumma
....
daulle

keyboard
....
tastierë pianoje

saxofon
....
saksofon

flöjt
....
flaut

mikrofon
....
mikrofon

musikinstrument - instrumenta muzikorë

zoo
kopsht zoologjik

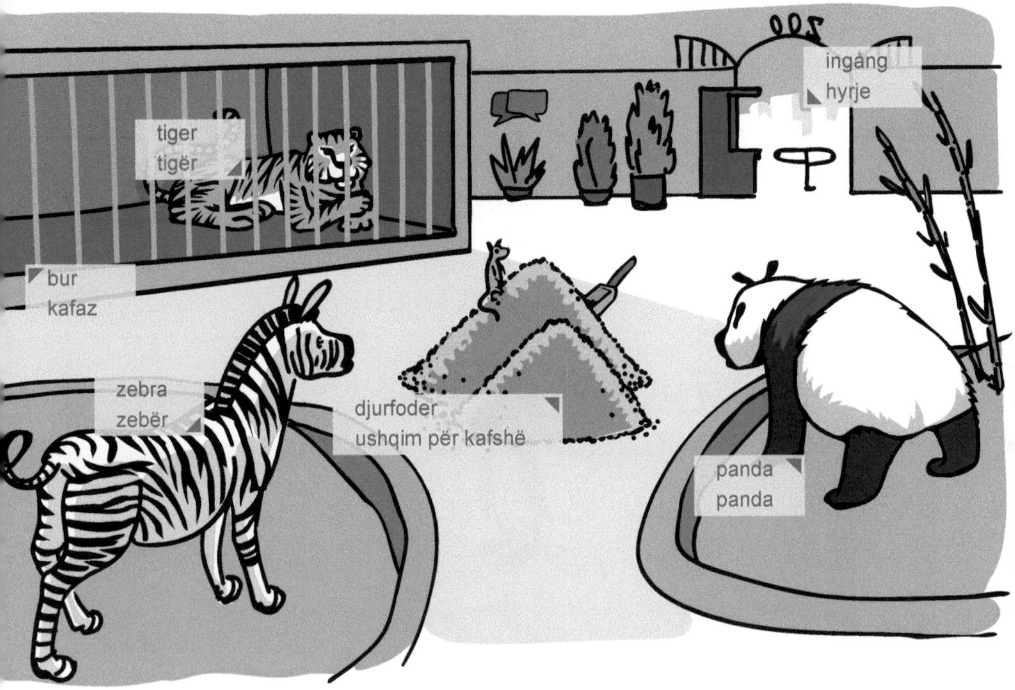
ingång
hyrje
tiger
tigër
bur
kafaz
zebra
zebër
djurfoder
ushqim për kafshë
panda
panda

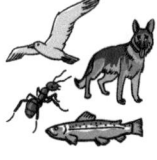

djur

kafshë

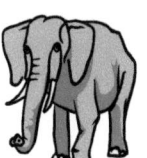

elefant

elefant

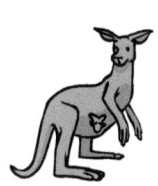

känguru

kangur

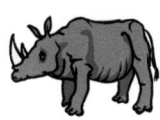

noshörning

rinoceront

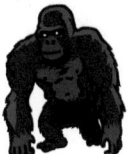

gorilla

gorillë

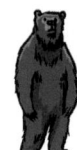

björn

ari

kamel

deve

struts

struc

lejon

luan

apa

majmun

flamingo

flamingo

papegoja

papagall

isbjörn

ari polar

pingvin

pinguin

haj

peshkaqen

påfågel

pallua

orm

gjarpër

krokodil

krokodil

djurskötare

punonjës i kopshtit zoologjik

säl

fokë

jaguar

xhaguar

ponny
poni

leopard
leopard

flodhäst
hipopotam

giraff
gjirafë

örn
shqiponjë

vildsvin
derr i egër

fisk
peshk

sköldpadda
breshkë

valross
lopë deti

räv
dhelpër

gazell
gazelë

amerikansk fotboll
futboll amerikan

cykling
çiklizëm

tennis
tenis

basket
basketboll

simning
not

ishockey
hokej mbi akull

boxning
boks

fotboll
futboll

badminton
badminton

friidrott
atletikë

handboll
hendboll

skidåkning
ski

polo
polo

aktiviteter
aktivitet

hoppa
hidhem
krama
përqafoj
skratta
qesh
gå
eci
sjunga
këndoj
drömma
ëndërroj
be
lutem
kyssa
puth

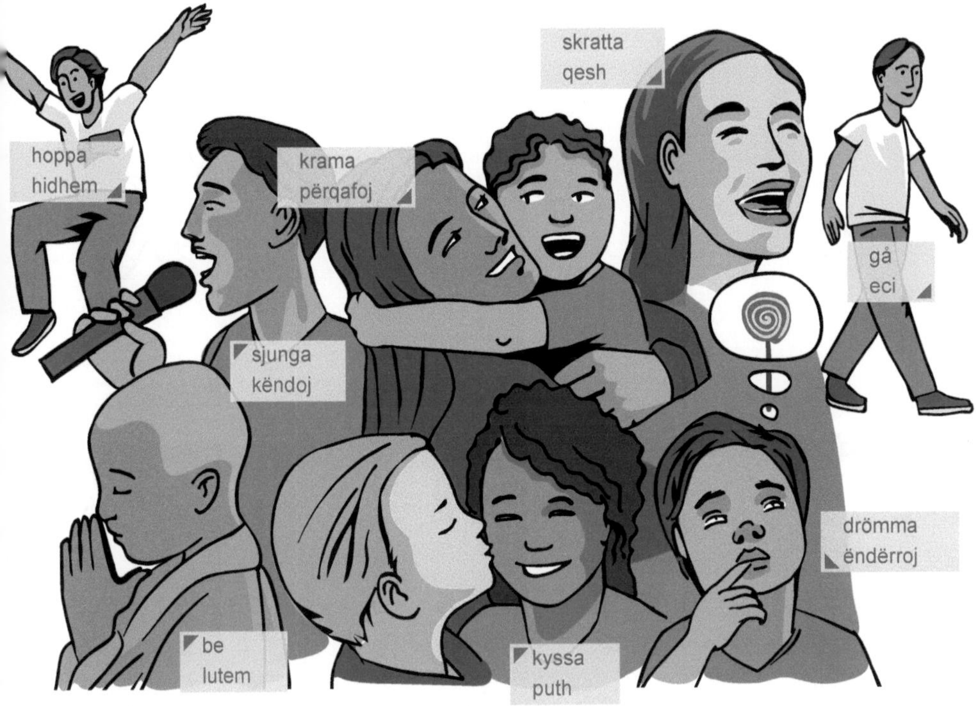

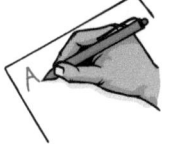

skriva

shkruaj

rita

vizatoj

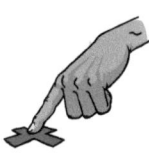

visa

tregoj

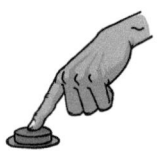

skjuta

shtyj

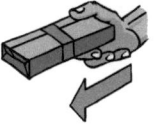

ge

jap

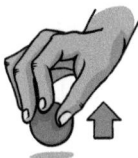

ta

marr

hagel

kam

göra

bëj

vara

jam

stå

qëndroj

springa

vrapoj

dra

tërheq

kasta

hedh

falla

bie

ligga

shtrihem

vänta

pres

bära

mbaj

sitta

ulem

klä på

vishem

sova

fle

vakna

zgjohem

se på

shikoj

gråta

qaj

smeka

përkëdhel

kamma

kreh

prata

bisedoj

förstå

kuptoj

fråga

kërkoj

höra

dëgjoj

dricka

pi

äta

ha

städa

sistemoj

älska

dashuroj

laga mat

gatuaj

köra

drejtoj makinën

flyga

fluturoj

segla

lundroj

räkna

llogaris

läsa

lexoj

lära sig

mësoj

arbeta

punoj

gifta sig

martohem

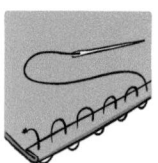

sy

qep

borsta tänderna

laj dhëmbët

döda

vras

röka

tymos

skicka

dërgoj

familj
familje

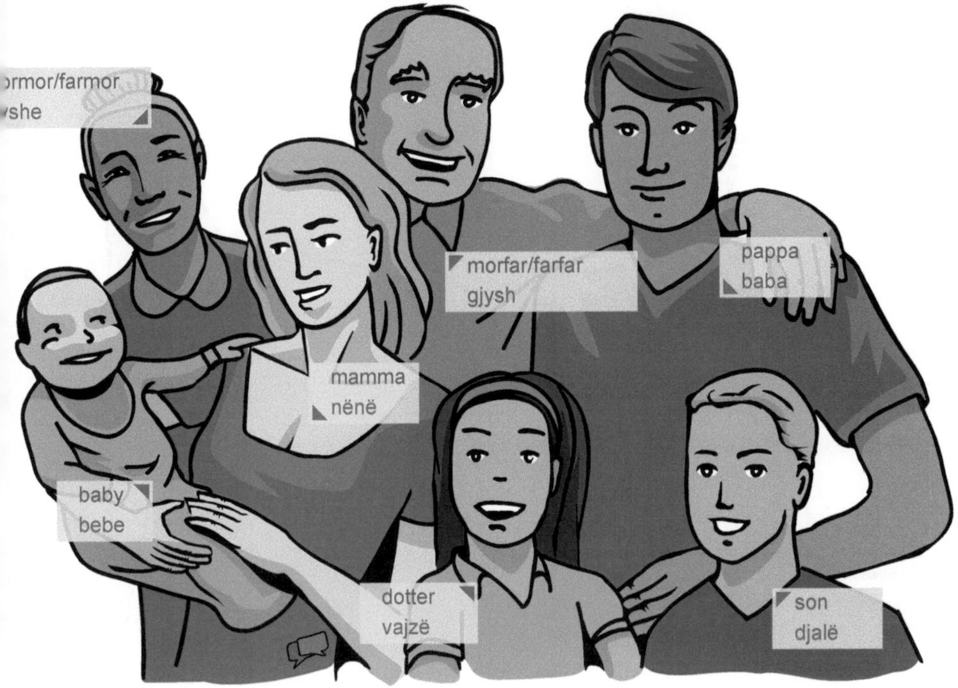
rmor/farmor
she
morfar/farfar
gjysh
pappa
baba
mamma
nënë
baby
bebe
dotter
vajzë
son
djalë

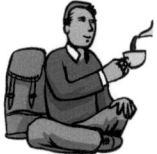

gäst

mysafir

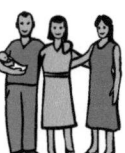

moster/faster

teze, hallë

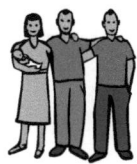

farbror/morbror

dajë, xhaxha

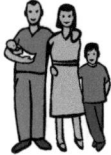

bror

vëlla

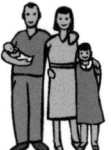

syster

motër

kropp

trupi

panna
balli
öga
syri
skuldra
shpatulla
finger
gishti
ansikte
fytyra
haka
mjekra
hand
dora
ben
këmba
bröst
krahërori
arm
krahu

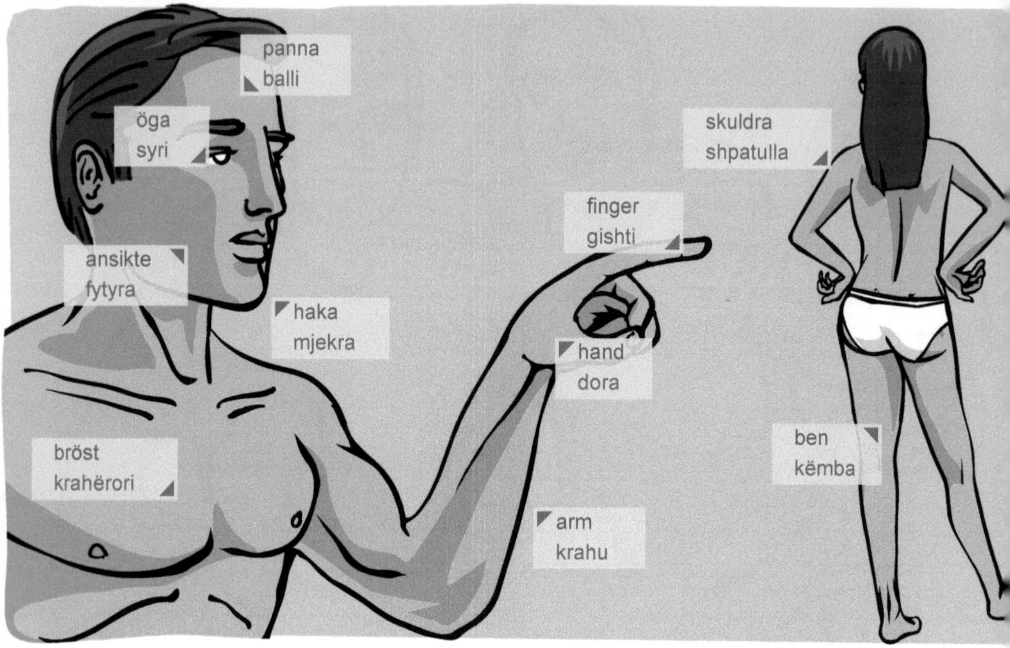

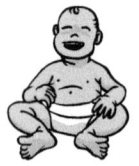

baby

bebe

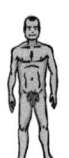

man

burrë

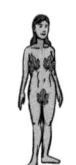

kvinna

grua

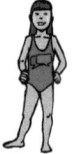

flicka

vajzë

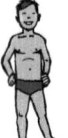

pojke

djalë

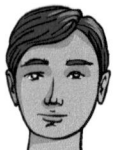

huvud

koka

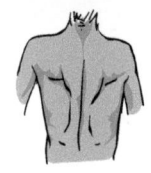

rygg
shpina

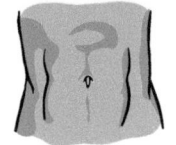

mage
barku

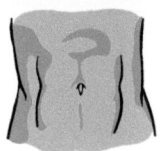

navel
kërthiza

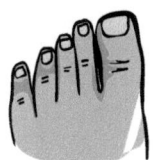

tå
gisht këmbe

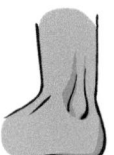

häl
Thembra

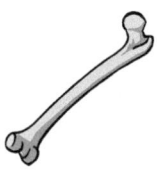

ben
kockë

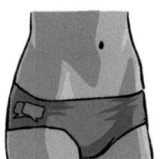

höft
legeni

knä
gjuri

armbåge
bërryli

näsa
hunda

stjärt
vithe

hud
lëkura

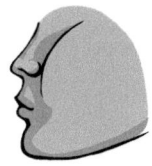

kind
faqja

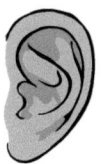

öra
veshi

läpp
buza

mun

goja

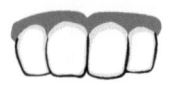

tand

dhëmbët

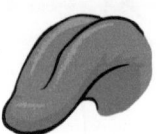

tunga

gjuha

hjärna

truri

hjärta

zemra

muskel

muskul

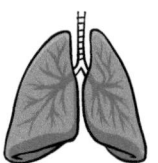

lunga

mushkëria

lever

mëlçia

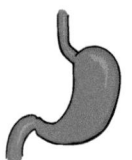

magsäck

stomaku

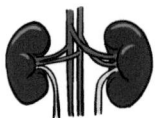

njurar

veshka

sex

seks

kondom

prezervativ

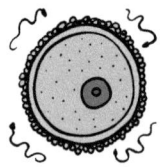

äggcell

veza

sperma

sperma

graviditet

shtatëzani

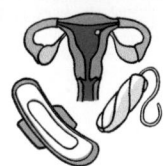

menstruation

menstruacione

vagina

vagina

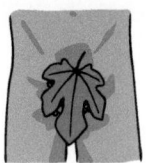

penis

penis

ögonbryn

vetulla

hår

flokët

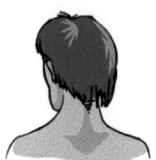

nacke

qafa

sjukhus
spital

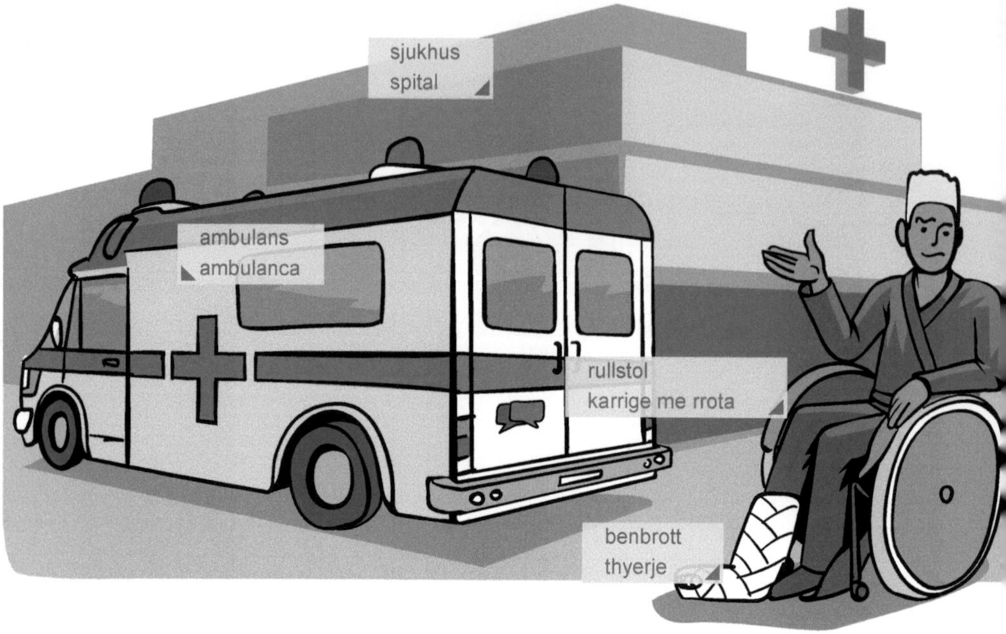

sjukhus
spital
ambulans
ambulanca
rullstol
karrige me rrota
benbrott
thyerje

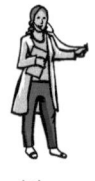

läkare

mjek

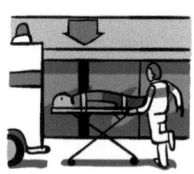

akutmottagning

sallë urgjencash

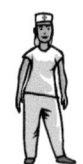

sjuksköterska

infermiere

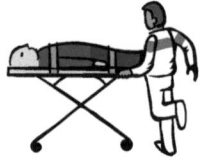

nödsituation

emergjencë

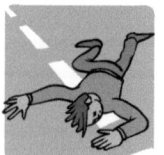

medvetslös

i pandërgjegjshëm

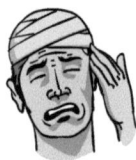

smärta

dhimbje

skada

dëmtim

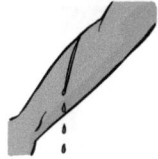

blödning

gjakosje

hjärtattack

infarkt

slaganfall

goditje

allergi

alergji

hosta

kolla

feber

ethe

influensa

grip

diarré

diarre

huvudvärk

dhimbje koke

cancer

kancer

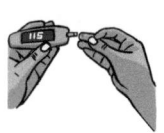

diabetes

diabet

kirurg

kirurg

skalpell

bisturi

operation

operacion

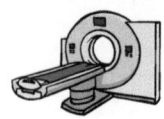

CT
CT (skaner)

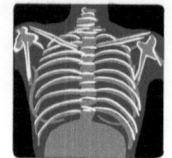

röntgen
radiografi

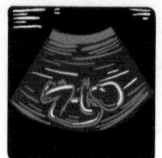

ultraljud
ultratingull

ansiktsmask
maskë fytyre

sjukdom
sëmundje

väntsal
dhomë pritjeje

krycka
paterica

plåster
leukoplast

bandage
fasho

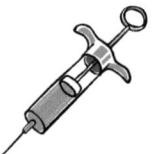

injektion
injeksion

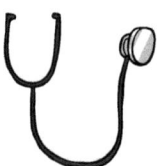

stetoskop
stetoskop

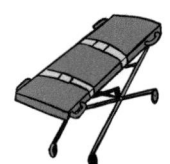

bår
barelë

termometer
termometër

födsel
lindje

övervikt
mbipeshë

hörapparat

aparat dëgjimi

desinfektionsmedel

dezinfektant

infektion

infeksion

virus

virus

HIV / AIDS

HIV / AIDS

medicin

mjekësi, mjekim

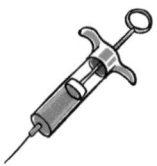

vaccination

vaksinim

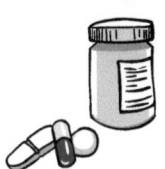

tabletter

tableta

p-piller

pilulë

nödsamtal

telefonatë emergjence

blodtrycksmätare

aparat tensioni

sjuk / frisk

i sëmurë / i shëndetshëm

Hjälp!

Ndihmë!

alarm

alarm

överfall

sulm

misshandel

atak

fara

rrezik

nödutgång

dalje emergjence

Det brinner!

Zjarr!

brandsläckare

fikëse zjarri

olycka

aksident

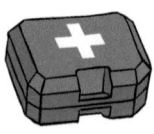

förbandslåda

kuti e ndimës së shpejtë

SOS

SOS

polis

policia

Europa

Europa

Nordamerika

Amerika e Veriut

Sydamerika

Amerika e Jugut

Afrika

Afrika

Asien

Azia

Australien

Australia

Atlanten

Atlantiku

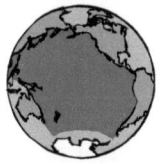

Stilla Havet

Paqësori

Indiska Oceanen

Oqeani Indian

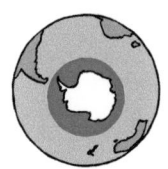

Antarktiska Oceanen

Oqeani Antarktik

Arktiska Oceanen

Oqeani Arktik

Nordpol

Poli i veriut

Sydpol

Poli i Jugut

Antarktis

Antarktida

Jorden

toka

land

tokë

hav

det

ö

ishull

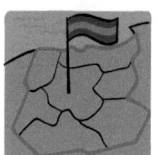

nation

komb

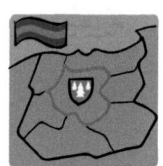

stat

shtet

urtavla

fusha e orës

timvisare

akrepi i orës

minutvisare

akrepi i minutave

sekundvisare

akrepi i sekondave

Vad är klockan?

Sa është ora?

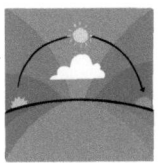

dag

ditë

tid

kohë

nu

tani

digital klocka

orë dixhitale

minut

minutë

timme

orë

vecka
javë

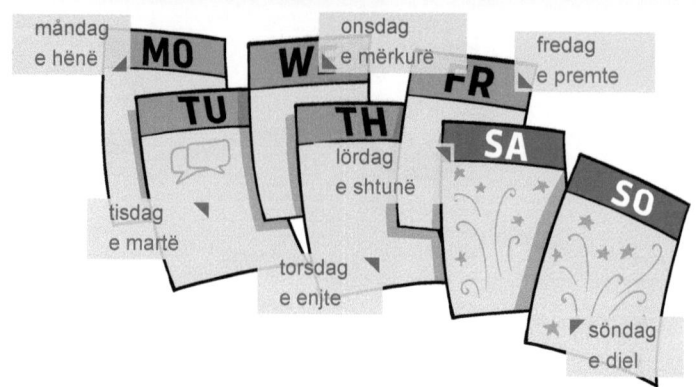

- måndag / e hënë — **MO**
- tisdag / e martë — **TU**
- onsdag / e mërkurë — **W**
- torsdag / e enjte — **TH**
- fredag / e premte — **FR**
- lördag / e shtunë — **SA**
- söndag / e diel — **SO**

igår
....
dje

idag
....
sot

imorgon
....
nesër

morgon
....
mëngjes

middag
....
mesditë

kväll
....
mbrëmje

MO	TU	WE	TH	FR	SA	SU
1	2	3	4	5	6	7
8	9	10	11	12	13	14
15	16	17	18	19	20	21
22	23	24	25	26	27	28
29	30	31	1	2	3	4

vardagar
....
ditë pune

MO	TU	WE	TH	FR	SA	SU
1	2	3	4	5	6	7
8	9	10	11	12	13	14
15	16	17	18	19	20	21
22	23	24	25	26	27	28
29	30	31	1	2	3	4

helg
....
fundjavë

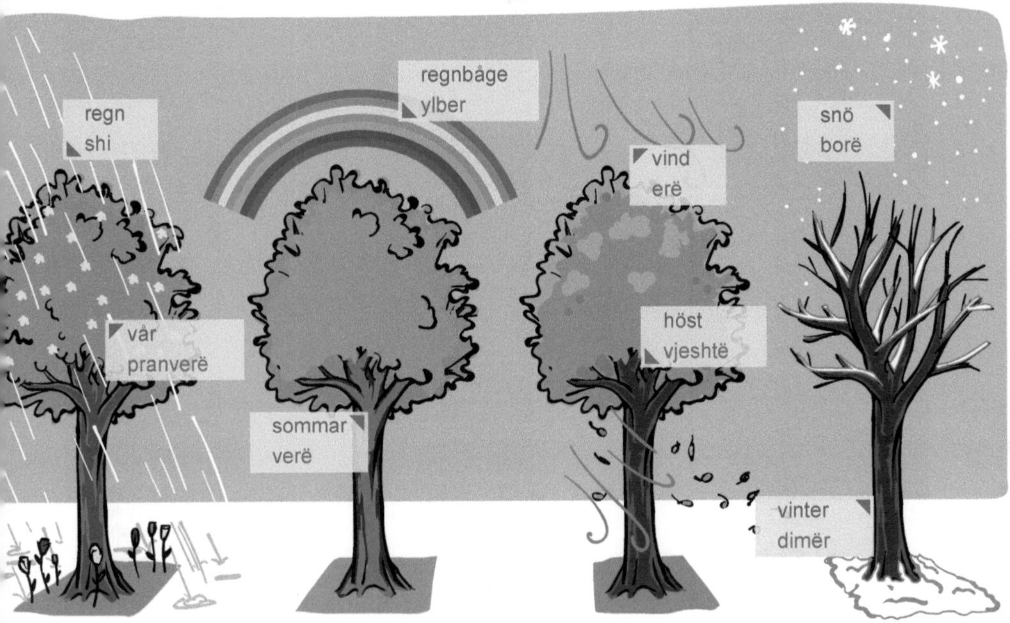

regn
shi
regnbåge
ylber
vind
erë
snö
borë
vår
pranverë
höst
vjeshtë
sommar
verë
vinter
dimër

4.APRIL 11°
5.APRIL 4°
6.APRIL 13°
7.APRIL 8°
8.APRIL 10°

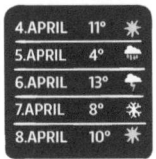

väderprognos
parashikimi i motit

F
C
120
90
60
30
0
-30
40
30
20
10
0
-10
-20

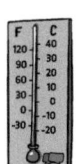

termometer
termometër

solsken
ndriçim dielli

moln
re

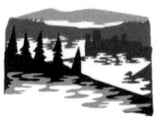

dimma
mjegull

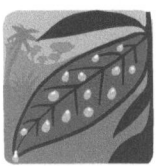

luftfuktighet
lagështi

blixt

vetëtima

åska

gjëmim

storm

stuhi

hagel

breshër

monsun

muson

översvämning

përmbytje

is

akull

januari

janar

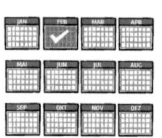

februari

shkurt

mars

mars

april

prill

maj

maj

juni

qershor

juli

korrik

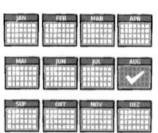

augusti

gusht

september
shtator

oktober
tetor

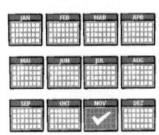

november
nëntor

december
dhjetor

cirkel
rreth

kvadrat
katror

rektangel
drejtkëndësh

triangel
trekëndësh

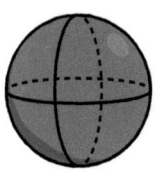

sfär
sferë

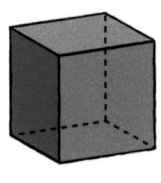

kub
kub

vit

e bardhë

gul

e verdhë

orange

portokalli

rosa

rozë

röd

e kuqe

lila

vjollcë

blå

blu

grön

e gjelbër

brun

kafe

grå

gri

svart

e zezë

mycket / lite

shumë / pak

arg / lugn

i nevrikosur / i qetë

vacker / ful

i bukur / i shëmtuar

början / slut

fillim / fund

stor / liten

i madh / i vogël

ljus / mörk

i ndritshëm / i errët

bror / syster

vëlla / motër

ren / smutsig

e pastër / e pistë

komplett / ofullständig

e plotë / jo e plotë

dag / natt

ditë / natë

död / levande

gjallë / vdekur

bred / smal

i gjerë / i ngushtë

ätlig / oätlig

i ngrënshëm / i pangrënshëm

ond / god

i keq / i këndshëm

upphetsad / uttråkad

i lumtur / i mërzitur

tjock / smal

i shëndoshë / i dobët

först / sist

e para / e fundit

vän / fiende

mik / armik

full / tom

plot / bosh

hård / mjuk

e fortë / e butë

tung / lätt

e rëndë / e lehtë

hunger / törst

uri / etje

sjuk / frisk

i sëmurë / i shëndetshëm

olaglig / laglig

e paligjshme / e ligjshme

intelligent / dum

i zgjuar / budalla

vänster / höger

majtas / djathtas

nära / långt bort

afër / larg

ny / begagnad
e re / e përdorur

inget / något
asgjë / diçka

gammal / ung
i moshuar / i ri

på / av
ndezur / fikur

öppen / stängd
hapur / mbyllur

tyst / högljudd
i qetë / i zhurmshëm

rik / fattig
i pasur / i varfër

rätt / fel
e drejtë / e gabuar

grov / slät
i ashpër / i butë

ledsen / glad
i mërzitur / i lumtur

kort / lång
i shkurtër / i gjatë

långsam / snabb
ngadalë / shpejt

våt / torr
i lagësht / i thatë

varm / sval
ngrohtë / freskët

krig / fred
luftë / paqe

0	**1**	**2**
noll	ett	två
zero	një	dy

3	**4**	**5**
tre	fyra	fem
tre	katër	pesë

6	**7**	**8**
sex	sju	åtta
gjashtë	shtatë	tetë

9	**10**	**11**
nio	tio	elva
nentë	dhjetë	njëmbëdhjetë

12

tolv

dymbëdhjetë

13

tretton

trembëdhjetë

14

fjorton

katërmbëdhjetë

15

femton

pesëmbëdhjetë

16

sexton

gjashtëmbëdhjetë

17

sjutton

shtatëmbëdhjetë

18

arton

tetëmbëdhjetë

19

nitton

nentëmbëdhjetë

20

tjugo

njëzetë

100

hundra

qind

1.000

tusen

mijë

1.000.000

miljon

milion

engelska

anglisht

amerikansk engelska

anglishte amerikane

kinesisk mandarin

kinezisht mandarin

hindi

hindi

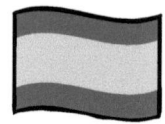

spanska

spanjisht

franska

frëngjisht

arabiska

arabisht

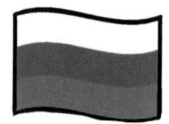

ryska

rusisht

portugisiska

portugalisht

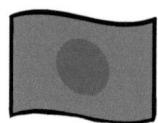

bengali

bengalisht

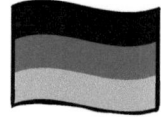

tyska

gjermanisht

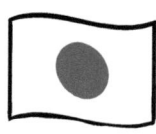

japanska

japonisht

jag

unë

du

ti

han / hon / den (det)

ai / ajo

vi

ne

ni

ju

de

ata

vem?

kush?

vad?

çfarë?

hur?

si?

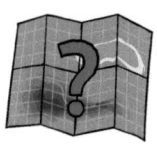

var?

ku?

när?

kur?

namn

emër

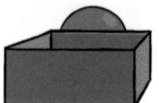

bakom

pas

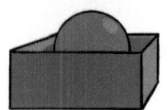

i

në

framför

përballë

över

sipër

på

mbi

under

poshtë

bredvid

pranë

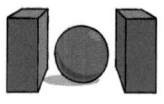

mellan

midis

plats

vend